¡Sssssshhhhhhhhhhhh!

Haz del teatro algo íntimo

Llévalo siempre en el bolsillo

Cubierta y diseño editorial: Éride, Diseño Gráfico
Dirección editorial: ángel jiménez

Primera edición: abril, 2024

ardan los infiernos
Et filii

Espronceda, 5
28003 Madrid

VdB

ISBN: 978-84-19850-44-7
Depósito Legal: M-9647-2024
Diseño y preimpresión: Éride, Diseño Gráfico

Este libro protege el entorno

ardan los infiernos

Luis Fernando de Julián
(Madrid, 1977.)

Dramaturgo, director escénico y fotógrafo.

Es miembro del Laboratorio Rivas Cherif del Centro Dramático Nacional, de la AAT (Asociación de Autoras y Autores de Teatro) y de ASSITEJ-ESPAÑA (Asociación de Teatro para la Infancia y la Juventud).

Sus textos han sido galardonados con numerosos premios de dramaturgia como son el Premio ASSITEJ-España, el Premio Internacional Domingo Pérez Minik, el Premio Nacional de las Letras Isabel Agüera y el Premio Cuenca a Escena.

Ha publicado más de una veintena de textos teatrales en diferentes editoriales, entre los que destacan *Blanco sobre blanco*, *El filo de las mariposas*, *El estómago de la ballena*, *Pelodenieve*, *El salto de las tillandsias*, *Extremófilos*, *El violín desafinado de Ingres*, *Antes de que despierten los cuervos*, *Pausa*, *Felicidad no está en los mapas* y *Camino al otro lado*.

Sus obras han sido traducidas a inglés, árabe y griego; y estrenadas en España, Estados Unidos, Grecia, Argentina y Ecuador.

Es miembro de los consejos de redacción de las revistas *Fantoche* y *Primer Acto*; y ha colaborado con las revistas de artes escénicas *Estudos da Presença* (Brasil), *Paso de Gato* (México) y Театр Чудес (Rusia).

En este volumen nos presenta dos obras inéditas: *Ardan los infiernos* (2021) y *Et Filii* (2023).

LUIS FERNANDO DE JULIÁN

ardan los infiernos

Personajes

Padre Herrando	55 años. Tras años de silencio obligado, reconoce públicamente su orientación sexual.
Aarón / Sebastián	17 años. Joven utilizado para desacreditar y destruir a Herrando, haciéndose pasar por Sebastián, un futuro periodista.
Sacerdote Lucendo	55 años. Amigo y amor prohibido de Herrando.
Obispo Casal	70 años. Máximo responsable de la diócesis a la que pertenece Herrando.
Secretario	45-50 años. Lacayo del Obispo Casal.

Escena 1
Los días.

Amanece. El padre Herrando *está de pie, sin moverse, en su salón. Contempla el cuadro* El martirio de san Sebastián. *Silencio contemplativo. Suena la alarma del despertador en el móvil.* Herrando *la apaga y vuelve a colocarse frente al cuadro.*

Herrando Amanece. Los dorados y azulados haces de luz nos avisan de que tenemos una nueva oportunidad para resolver nuestros asuntos. ¿Lo haremos? ¿Lo haré? ¿Será este el día en el que el atardecer no tenga que decirme que he vuelto a dejar pasar un día más? (*Pausa.*) Me gustaría contar con tu consejo. Si quisieses hablarme… Darme tu bendición… (*Pausa.*) Lo sé, mis actos no deben depender de ello. (*Pausa.* Herrando *besa su mano y se acerca hasta el cuadro. Deposita el beso en los pies de san Sebastián y mantiene la mano pegada al cuadro unos segundos.*) Ya escucho la música San Sebastián… Yo la escucho. Y la escucharé incluso mientras las flechas se claven en mi carne…

(Herrando *se separa del cuadro. Lo mira fijamente. Oscuro parcial en el que la figura de*

Herrando *desaparece y solo el cuadro queda iluminado apenas unos segundos antes del oscuro total.)*

Escena 2
Arrojo y determinación.

Salón de la casa de HERRANDO. *Afuera cae el atardecer, haciendo que los rojizos y anaranjados haces de luz atraviesen la escena e impregnen movimiento en su ocaso.* HERRANDO *y* LUCENDO *charlan mientras beben, un día antes de la declaración pública.* HERRANDO, *de pie, sostiene su copa junto a la ventana.*

HERRANDO Atardece. El sol se escapa por el horizonte una vez más… Volverá mañana, pero ya nos habrá robado un día para ocuparnos de nuestros asuntos. Es solo un día, nos decimos… Mañana lo haremos. Sin falta. Y cuando queremos darnos cuenta, los rojizos y anaranjados haces de luz nos avisan de que el sol se ha vuelto a esconder tras el horizonte… (HERRANDO *se aparta de la ventana y se sienta frente a* LUCENDO.) ¿Puedo preguntarte algo, amigo?

LUCENDO No necesitas mi permiso para hacerlo.

HERRANDO Entonces dime. ¿Alguna vez echas de menos este pueblo?

LUCENDO ¿Por qué me preguntas eso?

HERRANDO ¿Por qué vienes aquí cada semana?

LUCENDO Porque seguimos siendo amigos.

HERRANDO Y si viviese en otro pueblo, ¿irías a verme cada semana?

LUCENDO ¿Tú qué crees?

HERRANDO A veces pienso que vienes a verme. Y otras veces pienso que solo solo echas de menos estas casas, estas calles, esta vida...

LUCENDO ¿Acaso son incompatibles tus dos opciones? Herrando, siempre pensando y siempre modificando tus conclusiones.

(*Silencio.*)

HERRANDO He tomado una decisión.

LUCENDO ¿Qué has decidido?

HERRANDO Mañana haré una declaración pública.

LUCENDO ¿Una declaración? ¿Sobre qué?

HERRANDO Sobre mi orientación sexual. (*Silencio.*) ¿Por qué te callas?

LUCENDO ¿No escuchas mis pensamientos?

HERRANDO Piensas que estoy loco.

LUCENDO No. Pienso que eres estúpido. Te suspenderán, lo sabes, ¿verdad?

HERRANDO Eso ya no me importa.

LUCENDO ¿Y qué es lo que te importa?

HERRANDO Ser sincero con Dios y conmigo mismo. (*Silencio.*) Yo te amé. Y tú a mí también. Fuimos mucho más que jóvenes seminaristas descubriendo sus cuerpos... Nos descubrimos a nosotros mismos, y luego nos negamos.

LUCENDO Ya lo hemos hablado antes. Nos castigaron por ello y nos hicieron ver lo perverso de nuestro pecado.

HERRANDO Abusaron de nosotros. Se aprovecharon...

LUCENDO No sigas.

HERRANDO No era lo mismo. Nosotros nos amábamos y nuestros cuerpos se unían en comunión. Había amor y espiritualidad... Lo que ellos nos hicieron...

LUCENDO (*Cortándole.*) No sigas.

(*Breve pausa.*)

HERRANDO Nos violaron para redimir nuestro pecado. ¿Qué pecado?

(LUCENDO *se levanta.*)

LUCENDO ¡Me marcho! Estás borracho.

HERRANDO Márchate si quieres, pero no es borracho lo que estoy sino lúcido.

LUCENDO ¿Por qué tienes que remover el pasado cada cierto tiempo? ¿Qué importa aquello? ¿Es que no eres feliz con lo que tienes ahora?

HERRANDO ¿Y qué tengo?

LUCENDO Podías haber llegado más lejos y te quedaste en este pueblo porque esa fue tu decisión. Eso es lo que verdaderamente te pesa, tu decisión, no tu pecado.

HERRANDO Pecado…

LUCENDO Sí, tu pecado. Y ahora… Ahora quieres hacerlo público. Debes aburrirte mucho en este pueblo.

HERRANDO No me aburro, me ahogo en mi secreto. (*Silencio.*) Siéntate, por favor. Permite que me desahogue contigo. (LUCENDO *se sienta de nuevo. El cuadro de* El martirio de san Sebastián *se inunda de luz suavemente.*) Supe que era homosexual cuando tuve frente a mí El martirio de san Sebastián… Un hombre joven, sacrificado por no renunciar a su fe… Las flechas clavándose en su cuerpo y sin embargo... Su rostro dirigiéndose tranquilo a Dios. Creí que lo amaba, que hubiese deseado poder salvarlo como a un hermano... Desatarlo de aquel poste, arrancar sus flechas... Pero en realidad, deseaba besar cada herida hasta llegar a sus labios. (*Pausa.*) No se puede vivir negando eso. O al menos yo no quiero hacerlo el tiempo que me quede de vida.

LUCENDO ¿Y qué conseguirás haciéndolo público? Ya lo has dicho aquí, conmigo, ¿qué más quieres?

HERRANDO Para mí nada, pero para las nuevas generaciones de sacerdotes... Abrir el camino para que amar a otro hombre no sea pecado.

(*Largo silencio. El cuadro de* El martirio de san Sebastián *pierde su luz hasta quedar oculto en la penumbra.* LUCENDO *deja su copa.*)

LUCENDO Ya no soy un joven ambicioso dispuesto a conquistarlo todo, más bien estoy en el camino de convertirme en un viejo temeroso de perder lo poco que ha conseguido. En cierta forma te admiro. Admiro tu arrojo y tu determinación. Pero no me pidas que te acompañe en el camino. Si somos amigos, respeta que me quede oculto entre las sombras.

(*Silencio.* HERRANDO *se levanta y estrecha las manos de* LUCENDO *entre las suyas.*)

HERRANDO Amigo, nunca te pediría que me acompañases sabiendo que tal vez mi camino me lleve al infierno. (*Pausa.*) Tienes llave de mi casa, vuelve cuando quieras.

(*Oscuro.*)

Escena 3
Sándwiches vegetales.

En la cafetería de un pueblo. El padre HERRANDO *almuerza tranquilo en una mesa, un sándwich vegetal con las manos, mientras lee el periódico. Entra* AARÓN, *que se dirige directo a la mesa.*

SEBASTIÁN Padre Herrando…

HERRANDO Hola. Tú debes ser Sebastián.

SEBASTIÁN Sí.

(SEBASTIÁN *tiende su mano y* HERRANDO *no la estrecha.*)

HERRANDO Perdona que no estreche tu mano, no quiero mancharte.

SEBASTIÁN No importa.

HERRANDO Siéntate, por favor.

SEBASTIÁN Gracias.

HERRANDO ¿Quieres almorzar algo?

SEBASTIÁN No, se lo agradezco, ya he comido.

HERRANDO Deberías probar estos sándwiches vegetales. A mí me encantan. ¿Sabes por qué?

SEBASTIÁN No.

HERRANDO Porque realmente son vegetales.

SEBASTIÁN Ah...

HERRANDO En las cafeterías de ciudad pides un sándwich vegetal y todo lo que te traen es pan de molde relleno con lechuga picada y algo de huevo. Una decepción, ¿no crees?

SEBASTIÁN Supongo que sí.

HERRANDO Claro que sí. Un sándwich vegetal tiene que llevar vegetales, de todo tipo, no solo lechuga picada. Es lo que más adoro de este pueblo.

(*Breve silencio.*)

SEBASTIÁN Sin embargo... Los sándwiches vegetales que se venden en otros sitios también tenemos que considerarlos sándwiches vegetales. De lo contrario, ¿cómo los pediríamos si quisiésemos almorzar uno?

(*Breve silencio.*)

HERRANDO Perdóname, te estoy abrumando con mis tonterías de viejo de pueblo. Seguro que en la ciudad podrás reírte de todo esto. ¿Qué tal el viaje?

SEBASTIÁN No, no... Es una reflexión interesante... Y el viaje... Bien, he venido en autobús.

(*Breve silencio.*)

HERRANDO En cuanto te has presentado he pensado... Es tan joven como aparenta su voz al teléfono. ¿Cuántos años tienes?

SEBASTIÁN Diecisiete.

HERRANDO Diecisiete... ¿Y ya trabajas en un periódico?

SEBASTIÁN En realidad no es un periódico. Somos una revista. Digo somos porque la hemos fundado un grupo de compañeros del instituto que queremos estudiar periodismo. Este va a ser el primer número.

HERRANDO La ambición y el arrojo de la juventud... ¿Y tiene nombre vuestra revista?

SEBASTIÁN Aún estamos barajando algunos nombres...

HERRANDO ¿Qué os ha llevado a decidir que en vuestro primer número tiene cabida una entrevista a un cura de pueblo que acaba de salir del *closet*?

Sebastián Bueno... No lo hemos acordado. Es una propuesta personal que quiero trasladar al grupo cuando esté redactada. Que un cura declare públicamente que es...

Herrando (*Cortándole.*) ¿Eres homosexual?

Sebastián ¿Yo?

Herrando Sí.

(*Breve pausa.*)

Sebastián No.

Herrando ¿No eres homosexual?

Sebastián No, ya se lo he dicho.

Herrando Esta noche, antes de que cante el gallo, me negarás tres veces. ¿Sabes quién lo dijo?

Sebastián Jesús a Pedro.

Herrando ¿Tienes formación católica?

Sebastián Eso es algo que sabe todo el mundo...

Herrando Claro. Las nuevas generaciones estáis tan preparadas... (*Silencio.*) ¿No vas a sacar una libreta donde apuntar? Ya he te contado muchas cosas.

(SEBASTIÁN *saca un cuaderno y un bolígrafo de su mochila.*)

SEBASTIÁN En realidad… No me ha contado nada.

HERRANDO En realidad, sí te he contado.

SEBASTIÁN ¿Lo de los sándwiches?

(HERRANDO *ríe.*)

HERRANDO Perdona, no me río de ti. (*Breve pausa.*) Dentro de la iglesia, la palabra homosexual dispara las alarmas. Mucho más que la palabra gay. Ambas palabras se refieren a lo mismo, sin embargo la primera ha sido ligada a una consecuencia, un castigo infernal, mientras que la segunda ha sido ligada a una decadencia del mundo y su falta de valores férreos, un detonante. Aunque sepamos que esto es falso, no podemos obviar que los conceptos son muy distintos. Por eso yo siempre pronuncio la primera palabra, homosexual, porque quiero que entiendan que no tengo miedo a ningún infierno. (*Pausa.*) ¿Vas a apuntarlo ahora?

SEBASTIÁN Sí.

(AARÓN *anota en su cuaderno.*)

HERRANDO ¿Puedo pedirte un favor?

SEBASTIÁN Claro.

HERRANDO ¿Puedes acercarte al mostrador y pedirme un café? Dile a la camarera que es para mí. Ella sabe que me gusta muy caliente.

SEBASTIÁN Vuelvo en un momento.

HERRANDO Gracias.

(SEBASTIÁN *se levanta y sale.* HERRANDO *aprovecha y coge el cuaderno que ha dejado* SEBASTIÁN. *Anota algo en una página perdida. Oscuro.*)

Escena 4
Diócesis.

Diócesis. Despacho obispal. El OBISPO CASAL *repasa algunas de las muchas publicaciones de prensa que cubren su mesa. Entra el* SECRETARIO.

SECRETARIO Señor Casal... El sacerdote Lucendo ha llegado.

OBIS. CASAL ¿Has llamado a Herrando?

SECRETARIO Sí.

OBIS. CASAL ¿Y?

SECRETARIO Nada, no coge el teléfono.

OBIS. CASAL Arrogante desviado... Que pase Lucendo.

(*El* SECRETARIO *sale. Vuelve acompañado por el sacerdote* LUCENDO.)

LUCENDO Excelencia reverendísima.

OBIS. CASAL Acércate Lucendo. (LUCENDO *se acerca hasta la mesa.*) Estarás al tanto de toda esta porquería, supongo.

LUCENDO No le descubro nada nuevo si le digo que no se habla de otra cosa en los corrillos.

OBIS. CASAL Los corrillos, los corrillos... ¿Y qué se dice en los corrillos?

LUCENDO Que es una actitud deplorable, por supuesto. Una vergüenza para la fe que edifica nuestra institución. Todo el mundo condena las acciones públicas del padre Herrando.

OBIS. CASAL Lucendo, Lucendo... ¿Crees que soy gilipollas? Dime, ¿lo crees?

LUCENDO No he dicho tal cosa, mi Excelencia reverendísima.

OBIS. CASAL Entonces no me digas que esa panda de alcahuetas que forma los corrillos condena lo que ha hecho Herrando. Es más, sé que ya hay algunas voces que lo idolatran y quieren seguir su ejemplo. Unos días y ya es un héroe para muchos... (*Silencio.*) ¿No te das cuenta de lo peligroso que es eso para nuestra iglesia? ¿Qué pensarían nuestros fieles si de los armarios empezasen a salir hordas de hombres de dios desviados? ¿Lo has pensado? Dime, ¿lo has pensado?

LUCENDO No.

(*Silencio.*)

OBIS. CASAL Tengo entendido que Herrando y tú coincidisteis en el seminario.

LUCENDO Así es.

OBIS. CASAL Al parecer os hicisteis amigos. Muy buenos amigos.

LUCENDO Con el tiempo nos hemos distanciado.

OBIS. CASAL Entonces, ¿es solo una cuestión de tiempo?

LUCENDO No solo. Nuestra forma de entender la fe… La vida… Son muy diferentes.

(*Silencio.*)

OBIS. CASAL Mira Lucendo, no me fio de ti. Pero te necesito en este asunto. ¿Me entiendes?

LUCENDO No sé en qué puedo ayudar.

OBIS. CASAL Tú le conoces. Le conoces muy bien. Lo que quiero es que colabores con mi secretario, que le digas cómo es, qué hace, dónde desayuna o cuándo va al váter. Todo lo que sepas de él. Quiero que le cuentes todo.

LUCENDO Ya le he dicho que nos hemos distanciado.

OBIS. CASAL No tanto. (*El* OBISPO CASAL *saca del cajón unas fotografías que deja sobre la mesa.*) Estas son del día antes de sus declaraciones. Al parecer os juntáis todos los miércoles.

Lucendo ¿Me ha espiado?

Obis. Casal El pastor debe velar… Siempre.

Lucendo No tiene ningún derecho.

Obis. Casal ¿Que no tengo ningún derecho? (*Pausa previa. Da un fuerte manotazo sobre la mesa.*) ¡Esta es mi diócesis! ¡Aquí el derecho soy yo! (*Pausa.*) Mira Lucendo… No me importa lo que tú y el pervertido ese hagáis donde nadie os vea; de eso ya se encargará nuestro señor. Pero no voy a consentir que ventiléis vuestros asuntos y la mierda salpique a esta diócesis.

Lucendo No hemos hecho nada. Y no tengo asuntos que ventilar. Herrando para mí es… Es alguien con quien siempre he podido hablar. Hablar. Solo eso.

Obis. Casal Solo hablar… Bien. Te creo. Mucho mejor para mí.

Lucendo ¿Mejor?

Obis. Casal Así solo tendré que arrastrar a uno hasta las puertas del infierno. Porque ten claro que voy arrastrarlo… Y meterlo yo mismo allí dentro.

LUCENDO Puede suspenderle, con eso bastaría.

(*Silencio. El* OBISPO CASAL *coge una de las publicaciones de la mesa y lee.*)

OBIS. CASAL Somos la asociación gay más longeva y aún no hemos hecho nada por defender nuestros derechos. (*Pausa.*) No quiero suspenderle. Quiero destruirle.

(*Silencio.* El OBISPO CASAL *tira la publicación con desprecio.*)

LUCENDO ¿Y si colaboro? ¿Lo dejará pasar?

OBIS. CASAL Para dejarlo pasar necesito de ti la más generosa de las colaboraciones.

LUCENDO La tendrá. Pero no se precipite. Piense que en solo una semana se ha convertido en un héroe… Está en su mano convertirlo en mártir y santo. Déjelo pasar…

OBIS. CASAL Retírate Lucendo. (LUCENDO *se retira ante la penetrante mirada del* OBISPO CASAL *y el* SECRETARIO.) Lucendo.

LUCENDO Excelencia reverendísima…

OBIS. CASAL Que no te albergue la menor duda de que estos brazos tienen fuerza para arrastrar a dos.

LUCENDO No lo dudo.

(*El* OBISPO CASAL *hace un gesto con la mano y* LUCENDO *sale.*)

OBIS. CASAL (Al SECRETARIO.) Ve con él. Quiero acabar con esto ya.

(*El* SECRETARIO *sale. Oscuro.*)

Escena 5
Lamer sotanas.

En el coche del SECRETARIO.

AARÓN ¿Un pueblo? No me gustan los curas de pueblo, tienen las manos ásperas.

SECRETARIO Si haces bien tu trabajo no tendrás que sentir sus manos.

AARÓN Explícame eso.

(*El* SECRETARIO *detiene el coche.*)

SECRETARIO Al final de esta calle hay una cafetería. Allí vas a quedar con un hombre...

AARÓN (*Cortándole.*) ¿Un cura?

SECRETARIO Sí.

AARÓN No me gustan los curas de pueblo, ya te lo he dicho.

SECRETARIO A ti te gusta lo que el dinero diga que te tiene que gustar. (*Silencio.*) Vas a llamarle y quedar con él. Te dirá que está muy ocupado, así que te ofrecerás para entrevistarle mientras almuerza. Lo hace siempre en esa cafetería.

AARÓN Entrevistarle... ¿Y luego qué? ¿Le dejo que me la chupe allí mismo mientras le pregunto? ¿O se la tengo que chupar yo por debajo de la mesa mientras me contesta?

(*El* SECRETARIO *da un bofetón a* AARÓN.)

SECRETARIO Yo no soy tu colega, chaval. (*Silencio.*) Haz lo que te digo y puede que no tengas que lamer más sotanas el resto de tu vida.

(*Silencio.*)

AARÓN Perdona...

(*El* SECRETARIO *saca del bolsillo de su chaqueta una fotografía.*)

SECRETARIO Este es. Se llama padre Herrando. Tú te llamarás Sebastián. Cuando le llames le contarás que quieres hacerle una entrevista para una revista. Si te pregunta di que quieres ser periodista.

AARÓN ¿Y qué le pregunto?

SECRETARIO El tipo acaba de hacer público que es gay. Está saliendo en todos los medios. Busca en internet y pregúntale lo mismo. Asegúrate de que la conversación se entiende, yo estaré grabándolo todo.

AARÓN ¿Grabando? ¿Pero qué tengo que hacer?

SECRETARIO Lo que le preguntes da igual. Quiero que le seduzcas. Que quedes con él para veros a solas. Con eso es suficiente.

AARÓN ¿Solo eso?

SECRETARIO Si puedes conseguir algo más... Que te coja las manos, que te abrace, que te bese... Mejor.

AARÓN Esto es como una película de espías...

SECRETARIO Esta vez te vamos a pagar mejor. Mucho mejor. (*Silencio.*) Ahora llámale. Tienes su número apuntado detrás de la fotografía. (AARÓN *saca su móvil y se dispone a marcar.*) Aarón, recuerda que si lo haces bien, no tendrás que hacer nada más.

(*Oscuro.*)

Escena 6
Mateo 25:35.

En la cafetería. SEBASTIÁN *trae a la mesa dos cafés.*

HERRANDO ¿También te has pedido un café?

SEBASTIÁN Me ha apetecido.

(*Ambos añaden azúcar a sus tazas.* HERRANDO *bebe.*)

HERRANDO ¡Está ardiendo!

SEBASTIÁN Me dijo que lo quería muy caliente.

HERRANDO No. Te dije que le pidieses un café a la camarera para mí, ella sabe cómo me gusta. ¿Es eso lo que has hecho?

SEBASTIÁN Yo le entendí.

HERRANDO Te pregunto si le has pedido un café a la camarera diciéndole que era para mí.

SEBASTIÁN No, no he dicho que era para usted.

HERRANDO Ella sabe que lo tomo frío.

SEBASTIÁN ¿Quiere que lo cambie por otro?

HERRANDO No, da igual. De todos modos no me da tiempo a tomármelo, tengo que marcharme.

SEBASTIÁN ¿Marcharse? Pero no hemos hecho la entrevista.

HERRANDO La haremos mañana, tendré más tiempo. ¿Sabes dónde coger el autobús de vuelta a la ciudad?

SEBASTIÁN Tal vez me quede en el pueblo.

HERRANDO Bien.

SEBASTIÁN ¿Usted podría acogerme?

(*Pausa.*)

HERRANDO Tuve hambre, y me disteis de comer; tuve sed, y me disteis de beber; fui forastero, y me recibisteis.

SEBASTIÁN Mateo…

HERRANDO 25:35. (HERRANDO *sonríe.*) En este pueblo no repetimos de memoria las palabras, las practicamos con fe y en gracia. (*Breve pausa.*) No te costará encontrar un lugar donde quedarte.

(HERRANDO *sale. Oscuro.*)

Escena 7
El profeta gay.

LUCENDO *espera en la calle, lleva una carpeta consigo.* HERRANDO *aparece. Pausa.*

HERRANDO ¿Por qué me esperas en el camino que va a mi casa cuando podrías entrar en ella?

LUCENDO Desde que has hecho tu declaración, hay muchos ojos puestos en tu casa.

HERRANDO Algunos ojos húmedos, cargados de emoción y orgullo, otros solo quieren encontrar una brizna de morbo.

LUCENDO ¿Y no te importa?

HERRANDO ¿Quién soy yo para juzgarlos?

(*Silencio.*)

LUCENDO ¿Cuál fue el error de Jesús?

HERRANDO No cometió ninguno.

LUCENDO No es cierto. Jesús cometió el error más humano de todos.

Herrando ¿Cuál es, Lucendo?

Lucendo Amar a quienes solo querían servirse de él.

Herrando Eso no es un error.

Lucendo ¿Qué es entonces?

Herrando La prueba de que su amor estuvo por encima de todo. (*Silencio.*) ¿Quieres que sigamos charlando en mi casa? Aquí parados parecemos dos...

Lucendo (*Cortándole.*) ¿Desde cuándo te importa lo que parezcas?

Herrando No te entiendo.

(Lucendo *saca de la carpeta varias publicaciones de prensa y revistas.*)

Lucendo ¡Mira esto! El cura gay… La iglesia sale del armario… Padre gay que estás en el pueblo… Los *closets* de Dios…

Herrando He visto todas esas publicaciones…

Lucendo Esta es mi favorita: El profeta gay ha llegado. Muy buena, ¿no crees? ¿Eh? ¿No crees? ¡Basura! ¡Basura! ¡Basura! ¡Basura!

(Lucendo *le tira una a una las publicaciones a* Herrando. *Pausa.*)

HERRANDO ¿Qué te ocurre?

LUCENDO ¿A mí? Pregúntate que te ocurre a ti, amigo. ¿Era esto lo que querías? ¿De verdad era esto?

HERRANDO Nada de eso es importante, tan solo una reacción a mis actos.

LUCENDO ¿Tan solo una reacción? ¡Toda esta basura va a hacer que te destruyan! ¡Que te suspendan! ¡¿Es que no lo entiendes?!

HERRANDO Solo Dios puede destruirme. Y solo él puede suspender mi devoción. Si no lo ha hecho ya, es porque aprueba que me haya vaciado de secretos.

(*Silencio.*)

LUCENDO Eres un estúpido…

HERRANDO No más que quien se preocupa en exceso.

(*Silencio.* LUCENDO *recoge las publicaciones del suelo y las guarda en la carpeta.*)

LUCENDO Aunque a ti no te importe, yo no quiero que nadie siga viendo esto…

(LUCENDO *termina de recoger las publicaciones y se incorpora. Ambos hombres se miran en silencio durante unos segundos.*)

HERRANDO Mi amigo… Mi protector…

LUCENDO No soy tu protector, Herrando.

HERRANDO Siempre lo has sido, no puedes cambiarlo.

(*Breve silencio.*)

LUCENDO Tengo que marcharme.

HERRANDO ¿Puedo ofrecerte una copa? ¿Un paseo? ¿Un abrazo?

(LUCENDO *se acerca hasta* HERRANDO *y pone su mano en la mejilla de este. Pausa. Las miradas siguen hablando.* LUCENDO *retira despacio su mano y emprende su camino. Oscuro.*)

Escena 8
No de la misma forma.

AARÓN, *enfadado y nervioso, sube al coche del* SECRETARIO.

AARÓN Estoy seguro de que dijo café muy caliente. Café muy caliente. ¿Lo tienes grabado?

SECRETARIO Dijo muy caliente.

AARÓN ¡Lo sabía! ¡Qué hijo de puta!

SECRETARIO Puede que esté empezando a chochear…

AARÓN No. Lo ha hecho aposta. Está jugando.

SECRETARIO De eso se trata, de que juegue contigo. ¿Por qué le has dicho que no eres gay?

AARÓN A los curas de pueblo no les gusta que se lo pongan fácil. (*Silencio.*) Pero este cura no es como los otros. No me mira igual.

SECRETARIO ¿Y cómo te mira?

AARÓN No sé… Pero no es de la misma forma.

SECRETARIO Eso es lo que tú crees. Mira en tu cuaderno. Te ha escrito su dirección mientras pedías los cafés.

(AARÓN *saca su cuaderno de la mochila y rebusca entre las hojas. Encuentra algo escrito y se detiene.*)

AARÓN No es su dirección.

SECRETARIO ¿Entonces qué es?

AARÓN (*Leyendo.*) Ardan los infiernos.

(*Oscuro.*)

Escena 9
Una gran montaña de mierda.

Despacho obispal. El OBISPO CASAL *lee la prensa. Entra* el SECRETARIO.

SECRETARIO Con su permiso…

OBIS. CASAL Ya estás de vuelta. Bien. Cuéntame.

(*El* SECRETARIO *se sienta.*)

SECRETARIO Hemos tenido un primer encuentro.

OBIS. CASAL ¿Y qué tal?

SECRETARIO Bien, muy bien. Está claro que el chico le gusta. Lo devoraba con los ojos.

OBIS. CASAL Lo sabía. Es débil, como todos esos desviados… ¿Tienes fotografías?

SECRETARIO No. Herrando tuvo que marcharse apresurado, cosas de agenda. Mañana haremos un segundo encuentro.

OBIS. CASAL Mañana… Cada día que pasa se hace más fuerte. Mira todo esto, es solo de hoy. ¿Sabes qué es?

SECRETARIO Prensa y revistas, señor.

OBIS. CASAL No, no son prensa y revistas. (*Coge todas las publicaciones de su mesa con las manos y las levanta por encima de su cabeza. Luego las deja caer de golpe.*) Son una gran montaña de mierda que se eleva sobre nosotros para luego dejarse caer y embadurnar nuestra inmaculada institución. (*Silencio.*) Quiero resultados. Y los quiero ya.

SECRETARIO Los tendrá, señor.

OBIS. CASAL ¿El chico se parece a san Sebastián?

SECRETARIO Tal como dijo Lucendo.

OBIS. CASAL ¿Dónde está ahora?

SECRETARIO Lo he dejado en una pensión del pueblo, por si Herrando quiere contactar con él antes de mañana. Ya me entiende…

OBIS. CASAL Bien. Muy bien. ¿Le has dado un carné falso?

SECRETARIO Por supuesto.

OBIS. CASAL Bien.

SECRETARIO También le he dado un nombre falso. Sebastián.

OBIS. CASAL ¿Que has hecho qué?

SECRETARIO Me pareció buena idea.

(*El* OBISPO CASAL *se echa las manos a la cara.*)

OBIS. CASAL ¿Eres estúpido? ¡Ni siquiera un escritorzucho aficionado habría sido tan evidente! ¿Buena idea? ¿Buena idea? ¡Dios mío, ayúdame a salvar tu casa!

(*Silencio.*)

SECRETARIO Herrando no le ha dado importancia... Creo que Lucendo ha exagerado con la pasión hacia san Sebastián...

OBIS. CASAL ¡Vete! (*El* SECRETARIO *se levanta para salir.*) Mañana trae resultados. ¡Resultados!

SECRETARIO Puede confiar en mí, señor.

OBIS. CASAL ¿Confiar en ti? (*El* OBISPO CASAL *lanza al* SECRETARIO *sucesivas publicaciones de las que cubren la mesa.*) ¡Vete! ¡Vete! ¡Vete! El SECRETARIO sale. *Silencio. El* OBISPO CASAL *descansa su rostro entre las manos unos segundos. Acto seguido saca una petaca de licor y un paquete de tabaco de un cajón de la mesa. Fuma y bebe para relajarse. Escupe a las publicaciones que quedan en la mesa. Pausa en la que clava su mirada en las publicaciones. A continuación apaga el cigarro y salta sobre ellas enloquecido, haciéndolas trizas e incluso engulléndolas.*) ¿Queréis darme mierda? ¿Queréis darme mierda? ¿Eh? ¡Dadme toda la mierda que seáis capaces! ¡Toda! ¡Yo me alimentaré de ella! ¡Porque soy más fuerte que vosotros! ¡Más fuerte! ¡Dadme toda vuestra mierda! ¡Yo la engulliré en el nombre de Dios nuestro señor! ¡Yo la engulliré! ¡Yo!

(*Abrupto oscuro.*)

Escena 10
Búsqueda.

AARÓN *apura un cigarrillo en la habitación de una pensión. Lo apaga. Duda. Se tira sobre la cama y mira el techo. Se incorpora y hace una búsqueda en su móvil. Sobre el fondo se proyecta lo que* AARÓN *va viendo en pantalla. Primera búsqueda: Ardan los infiernos. El navegador ofrece los resultados.* AARÓN *va pasando sucesivamente una serie de imágenes: grabados, pinturas y dibujos que ilustran motivos infernales y puede que incluso dantescos.* AARÓN *se aburre. Tira el móvil a un lado y se recuesta. Mira el techo como quien dibuja en sus ojos una interrogación cuando mira un cielo estrellado. Se incorpora de nuevo. Hace una segunda búsqueda: Sebastián. El navegador ofrece los resultados.* AARÓN *va pasando sucesivamente una serie de imágenes que muestran las distintas versiones de* El martirio de san Sebastián. *Se detiene en una de las imágenes, la que coincide con el cuadro del salón de* HERRANDO. *Acaricia lentamente el aire a escasos centímetros de la pantalla de su móvil. Oscuro.*

Escena 11
Croissants con agua.

El SECRETARIO *espera en el coche desayunando un café y un croissant.* AARÓN *sube.*

SECRETARIO ¿Has desayunado?

AARÓN No.

SECRETARIO Ahí atrás tienes croissants.

(AARÓN *coge del asiento de atrás una bolsa de papel llena de croissants.*)

AARÓN ¿Y el café?

SECRETARIO Te he comprado una botella de agua.

AARÓN ¿Agua? ¿Quién desayuna agua?

SECRETARIO Es lo que desayunáis los adolescentes... Para no engordar... ¿No? (AARÓN *tira la bolsa de croissants al asiento de atrás.*) ¿Te llamó anoche?

AARÓN No.

Secretario Hoy tienes que ponerte las pilas, necesitamos resultados.

Aarón No me dedico a seducir curas, normalmente ellos ya saben a lo que voy.

Secretario Ya... (*Pausa.*) Pues haz algo nuevo. Y que dé resultado.

(*Silencio.*)

Aarón ¿Por qué Sebastián?

Secretario Fue el primer nombre que se me ocurrió.

Aarón Lo he buscado en internet. Murió atado a un poste. Le cosieron a flechazos. Por no renunciar a su fe.

Secretario Muy interesante. ¿Vas a comerte los *croissants*?

(*Pausa.*)

Aarón No.

(*El* Secretario *coge la bolsa de croissants del asiento de atrás.*)

Secretario ¿No tienes que darte una vuelta por ahí? (*Silencio.*) No me gusta que me vean con chavales. Yo no soy de esos.

(*Silencio.*)

AARÓN Necesito dinero.

SECRETARIO ¿Para qué?

AARÓN Para desayunar.

(*El* SECRETARIO *saca su billetera y da un par de billetes a* AARÓN. *Seguidamente le hace un gesto para que salga del coche.* AARÓN *sale. El* SECRETARIO *sigue con su desayuno.*)

Escena 12
Sin peones.

Despacho obispal. El Obispo Casal *revisa papeles, no queda rastro de las publicaciones. Entra* Herrando.

Herrando Excelencia reverendísima…

Obis. Casal ¿Qué haces tú aquí?

Herrando Su secretario no está.

Obis. Casal ¿Y no sabes llamar a la puerta?

Herrando Tengo más de veinte llamadas en mi móvil, no me pareció correcto perder el tiempo llamando puertas.

(*Breve silencio.*)

Obis. Casal ¿Has venido para tocarme los cojones?

Herrando Dios me libre de tal castigo…

Obis. Casal ¡No nombres a Dios!

(*Silencio.*)

Herrando	He venido para explicarle que va a cometer una equivocación.
Obis. Casal	¿Una equivocación? ¿Yo?
Herrando	Usted, Excelencia reverendísima.
Obis. Casal	¿Qué equivocación?
Herrando	Separarme de la santa institución de la iglesia.
	(*Breve silencio desafiante.*)
Obis. Casal	Tienes los huevos de venir aquí, a la sagrada casa de Dios nuestro señor, y decirme en la cara que el equivocado voy a ser yo... Te estrangularía con mis propias manos si no fuera pecado...
	(Herrando *se desabrocha el cuello y se acerca a la mesa del* Obispo Casal.)
Herrando	Hágalo. Seguro que Dios mirará para otro lado si usted se lo pide.
	(*El* Obispo Casal *lucha por contenerse.*)
Obis. Casal	¡Estás loco! ¡Loco!
Herrando	Solo escucho la música que tanto tiempo me he negado a escuchar. Es hora de que todo mi ser baile.

OBIS. CASAL ¿Qué dices? ¿Qué música? ¿Qué baile?

HERRANDO Usted no puede entenderlo. Es sordo.

(*El* OBISPO CASAL *resopla y desespera. Hace un intento de aproximación y se acerca hasta* HERRANDO. *Con las manos le estrecha los hombros.*)

OBIS. CASAL Herrando… Hemos avanzado mucho… Ya hay casos como el tuyo… Con la fama que has adquirido estos días podrías ser un ejemplo. ¿Has pensado en curarte?

HERRANDO Gracias, pero no estoy enfermo.

(*Tenso silencio.*)

OBIS. CASAL (*Retirando las manos se las limpia en la ropa.*) ¡Sal de aquí pervertido! ¡Vete! ¡Vete! ¡Fuera de aquí!

(HERRANDO *se retira pero antes de salir se detiene.*)

HERRANDO Una cosa más.

OBIS. CASAL ¡He dicho que salgas de aquí!

HERRANDO El chico.

OBIS. CASAL ¿Qué chico?

(*Silencio.*)

HERRANDO Le invito a jugar al ajedrez. Sin peones.

(*El* OBISPO CASAL *coge un puñado de papeles de la mesa y se los arroja a* HERRANDO.)

OBIS. CASAL ¡Sal de aquí demonio pervertido!

(HERRANDO *sale. El* OBISPO CASAL *se queda solo, con cierta aceleración nerviosa que le lleva a limpiarse las manos en la ropa de forma compulsiva. Abre el cajón de la mesa, saca un paquete de cigarros y enciende uno. Cuando está bien encendido, se quema, con el, las palmas de sus manos. Oscuro.*)

Escena 13
Salvajemente humanos.

En la cafetería. SEBASTIÁN *espera sentado. Tiene su cuaderno preparado. Mira su móvil impaciente. Entra* HERRANDO *por su espalda.* SEBASTIÁN *le ofrece la mano y* HERRANDO *finge mirar a otro lado mientras se quita el abrigo.*

HERRANDO Perdona el retraso, he tenido que ir a la ciudad.

SEBASTIÁN No importa.

(HERRANDO *toma asiento.*)

HERRANDO Claro que importa, tienes tu cuaderno preparado. ¿También tienes las preguntas?

SEBASTIÁN Sí.

HERRANDO Entonces dispara.

SEBASTIÁN ¿Por qué me engañó con el café?

HERRANDO ¿Te engañé o te dejaste engañar? ¿Puedes cambiar eso ahora?

SEBASTIÁN Me engañó.

HERRANDO Tal vez. ¿Puedes cambiarlo?

SEBASTIÁN Lo que pasó ayer, no. Pero puedo no dejarme engañar otra vez hoy.

HERRANDO Entonces, ¿te dejaste engañar ayer? (*Silencio reflexivo.* HERRANDO *se levanta.*) Voy a pedir un café. ¿Quieres uno?

SEBASTIÁN No. (HERRANDO *sale. Suena el móvil de* SEBASTIÁN, *que descuelga.*) ¿Qué quieres? [...] ¿A ti qué te parece que estoy haciendo? ¡Hablar con él! [...] ¿Más rápido? ¡Acabamos de empezar a hablar! [...] Claro, follar. Cómo no se me había ocurrido... ¿Tú lo has pensado? Si se lo digo directamente y dice que sí, perfecto. ¿Y si dice que no? ¿Qué crees que va a pasar si se lo digo y responde que no? ¡Pues que se va a largar! [...] ¡Te grito porque me estás diciendo cómo hacer mi trabajo! [...] Muy bien, pero ahora no estás aquí y tampoco vas a entrar para soltarme dos hostias, así que déjame que lleve esto como yo quiera. [...] ¡Que sí! (SEBASTIÁN *cuelga. Vuelve* HERRANDO *y toma asiento. Breve pausa.*) ¿Quieres que follemos? (*Silencio. Rápido y breve oscuro. La escena se retoma con* SEBASTIÁN *hablando en el móvil.*) Muy bien, pero ahora no estás aquí y tampoco vas a entrar para soltarme dos hostias, así que déjame que lleve esto como yo quiera. [...] ¡Que sí!

(SEBASTIÁN *cuelga. Vuelve* HERRANDO *y toma asiento.*)

HERRANDO Templado. Así lo tomo. Eso es algo que nadie me ha preguntado en las entrevistas que me han hecho estos días. Por si quieres apuntarlo...

(SEBASTIÁN *busca en su cuaderno una página concreta y se la muestra a* HERRANDO.)

SEBASTIÁN ¿Lo escribió usted?

HERRANDO ¿Realmente es una pregunta?

SEBASTIÁN No. Sé que lo escribió usted.

HERRANDO Entonces, ¿cuál es la pregunta?

SEBASTIÁN ¿Qué significa?

(*Silencio.* HERRANDO *bebe el café.*)

HERRANDO Significa que los infiernos que nos rodean deben arder y destruirse. De la misma forma que los humanos no somos capaces de aguantar a llegar al paraíso y construimos los nuestros en vida, tampoco somos capaces de esperar a que los otros sean juzgados y vayan al infierno. Jugamos a ser Dios y juez. Construimos infiernos sobre la tierra para quemar a aquellos que consideramos culpables de algo. Hemos desarrollado un placer en juzgar y destruir al otro, al prójimo. No tenemos fe en el juicio de Dios, nos adelantamos a su voluntad asegurando que nuestras certezas las guía su mano. Pero no es así. Nuestra mano solo la guiamos nosotros y nuestra necesidad salvajemente humana de prevalecer sobre el otro. (*Silencio.*) ¿Sabes quién fue Nietzsche?

SEBASTIÁN Un escritor alemán.

HERRANDO Un filósofo. A la iglesia nunca le ha gustado, como casi ningún filósofo.

SEBASTIÁN ¿Qué tiene que ver Nietzsche con esto?

HERRANDO Nada. Y todo. (*Breve silencio.*) Aquellos que eran vistos bailando, eran considerados locos por quienes no podían escuchar la música.

(*Breve silencio.*)

SEBASTIÁN ¿A usted le consideran un loco?

HERRANDO Si solo fuera eso no me preocuparía... Pero lo importante no es que yo esté loco, sino que esos que no pueden oír la música son los mismos que deciden nuestro presente y nuestro futuro. ¿No te parece injusto que otro lo decida por nosotros? ¿No te parece injusto que alguien decida por ti qué eres y qué vas a ser? (SEBASTIÁN *desespera en sus revelaciones internas.*) ¿Podría el peón de ajedrez salir del tablero si descubriese que es prescindible? ¿Podría hacerlo si fuese consciente de que su misión no es proteger al rey sino morir para que otros ataquen?

(SEBASTIÁN *explota.*)

SEBASTIÁN ¿Por qué me hace estas preguntas? ¿Por qué me cuenta estas cosas?

(*Silencio.*)

HERRANDO Solo hablábamos de infiernos, ajedrez y Nietzsche.

(SEBASTIÁN *hunde las manos en su cabello.*)

SEBASTIÁN Tengo que irme.

HERRANDO Pero no has hecho tus preguntas...

SEBASTIÁN Lo sé. Lo siento.

(SEBASTIÁN *recoge apresurado. Su móvil suena insistente.*)

HERRANDO Tu móvil está sonando.

SEBASTIÁN Mire... En otro momento seguimos... He recordado... En otro momento. Yo le llamo.

(Sebastián *mira brevemente la pantalla y sale apresurado.* Herrando *le ve alejarse a través de la cristalera del local.*)

Herrando Sebastián tampoco tuvo miedo a los infiernos...

(*Oscuro.*)

Escena 14
Verdad o mentira.

En cualquier callejón del pueblo, el SECRETARIO *alcanza a* AARÓN *por la espalda.*

SECRETARIO ¿Dónde te crees que vas?

AARÓN ¡Suéltame! ¡Suéltame!

SECRETARIO ¡Tranquilízate chaval!

AARÓN ¡Me están secuestrando! ¡Socorro!

(*El* SECRETARIO *le da un bofetón a* AARÓN. *Silencio.*)

SECRETARIO Si vuelves a gritar te mato aquí mismo. (*Silencio.*) Me cago en… Maldito niñato. Lo has jodido todo…

AARÓN Yo no he jodido nada.

SECRETARIO ¡Cállate! ¡No puedo pensar! (*Silencio.*) Vas a arreglarlo.

AARÓN No quiero hacerlo. Me voy. No quiero hacer esto.

SECRETARIO Sí vas a hacerlo. Claro que vas a hacerlo. (*El* SECRETARIO *agarra la cara de* AARÓN *con una mano y con la otra saca una pistola. Introduce el cañón en su boca.*) ¿Crees que es la primera vez que hago esto? No, claro que no. Ya he dejado a muchos como tú tirados en un callejón, o en un descampado o en cualquier lugar donde se les haya ocurrido esconderse. Muchos. ¿Me entiendes? (*Breve pausa.*) Primero dejaré que me la chupes. No te confundas, yo no soy maricón, pero me excita la cara de miedo que se os pone. (*Da un lento beso en la mejilla a* AARÓN.) Luego te daré un tiro, en la nuca, no quiero que me salpiques. Y por último, te vaciaré una cápsula de ácido en la boca para borrar el rastro de mi semen. (*Pausa.*) ¿Sabes qué pasará después? ¿Eh? Dime. ¿Lo sabes? (*Pausa.*) No va a pasar nada. Eso es lo bueno de los huérfanos como tú, que no tienen familiares que insistan. (*Pausa.*) Ahora te estás preguntando si todo lo que te he contado es verdad o mentira. ¿Verdad o mentira? ¿Verdad o mentira? ¿Tú qué crees? (*Breve pausa.*) ¿Quieres que lo comprobemos? (AARÓN *niega con la cabeza a la vez que balbucea un NO.*) Buen chico… (*El* SECRETARIO *saca la pistola de la boca de* AARÓN.) Ahora vamos a buscar una solución al problema.

(*Oscuro.*)

Escena 15
Un buen colaborador.

Despacho obispal. El OBISPO CASAL *redacta documentos. Entra* LUCENDO.

LUCENDO Excelencia reverendísima...

OBIS. CASAL Lucendo, no te esperaba

LUCENDO Perdone no haberle avisado con tiempo.

OBIS. CASAL No importa. Pero acércate, no te quedes ahí plantado. (LUCENDO *se acerca hasta la mesa del* OBISPO CASAL.) ¿En qué puedo ayudarte?

LUCENDO Vengo a hablarle de Herrando...

OBIS. CASAL ¡Ah! ¡Justo ahora estaba con ese tema! Mira. ¿Qué te parece?

(*El* OBISPO CASAL *ofrece a* LUCENDO *los documentos que está redactando.* LUCENDO *hace una lectura rápida y transversal.*)

LUCENDO ¿Qué es esto?

OBIS. CASAL Mi proyecto, Lucendo. He tardado en entenderlo, pero todo este tema de Herrando… Es una oportunidad.

LUCENDO ¿Para qué?

OBIS. CASAL ¿Para qué va a ser? Para que nuestra diócesis se convierta en la vanguardia, en el referente de la erradicación de la homosexualidad.

LUCENDO Ah…

OBIS. CASAL Mire esto. Grupos de control, jornadas de sanación, observatorios locales, informadores de área… ¡Todo pensado! ¡Todos los esfuerzos y recursos dispuestos con un único objetivo!

LUCENDO Erradicar la homosexualidad…

OBIS. CASAL ¡Exacto! ¿No es digno de un genio?

LUCENDO Por supuesto… (LUCENDO *aparta los documentos.*) ¿Y Herrando?

OBIS. CASAL Ya nos estamos encargando de él.

LUCENDO No pueden hacerle nada, todo su pueblo le ha aceptado. ¿No debe nuestra iglesia hacer lo mismo?

OBIS. CASAL Ese pueblucho se ha mostrado muy tolerante y orgulloso con su viciosa enfermedad.

Pero ya lo hemos preparado todo... Ahora vamos a ver cómo se muestran esos pueblerinos y el resto del mundo cuando descubran la relación que mantiene con un menor. Eso no va a enorgullecer a nadie, ¿no crees?

(LUCENDO *se sorprende y se echa para atrás.*)

LUCENDO Él no haría algo así.

OBIS. CASAL No hace falta que lo haga, con que lo parezca es suficiente.

LUCENDO Usted...

OBIS. CASAL ¿Yo? Nosotros. Tú, Lucendo, eres tan cómplice de este proyecto como lo soy yo. Lo has sido desde el principio, dándonos toda la información que necesitábamos. Eres un buen colaborador... Ese detalle del amor que Herrando profesa a san Sebastián...

LUCENDO ¡Usted me obligó a contárselo! ¡Y su secretario! ¡Ustedes me dijeron que lo dejarían pasar!

OBIS. CASAL ¿Acaso dejó Cristo pasar el hecho de que los mercaderes asentaran sus puestos en el templo? «No penséis que he venido para traer paz a la tierra; no traigo paz, sino espada». Mateo 10:34. (*Silencio.* LUCENDO *se levanta y se retira.*) Si estás pensando en avisarle, ya es tarde. (*Silencio en el que las miradas se desafían. Ofreciéndole los documentos que tiene sobre la mesa.*) ¿Quieres llevarte una copia? También puedes colaborar en este proyecto pionero.

(LUCENDO *sale. El* OBISPO CASAL *estalla en carcajadas. Oscuro.*)

Escena 16
Vagar en el infierno.

En la pensión donde se aloja AARÓN. *Llaman a la puerta de la habitación; es el padre* HERRANDO.

AARÓN ¿Qué hace usted aquí?

HERRANDO ¿Puedo pasar?

(HERRANDO *se cuela en la habitación antes de que* AARÓN *conteste.*)

AARÓN ¿Cómo me ha encontrado?

HERRANDO Este es un pueblo pequeño. Aquí se encuentra todo.

AARÓN Tiene que irse.

HERRANDO No hasta que hablemos.

AARÓN Usted no lo entiende... Tiene que irse.

HERRANDO Lo entiendo todo. Tranquilo, el hombre del coche no me ha visto entrar.

AARÓN ¿Cómo ha entrado entonces?

HERRANDO Ya te lo he dicho, es un pueblo pequeño. La dueña de esta pensión acude a mi iglesia, es una mujer de confianza.

(*Silencio.* AARÓN *se sienta a los pies de la cama.*)

AARÓN ¿De qué quiere hablar?

(HERRANDO *se sienta a su lado.*)

HERRANDO ¿Cómo te llamas, de verdad?

AARÓN Aarón.

HERRANDO ¿Y de qué quieres hablar tú, Aarón?

(AARÓN *se levanta molesto y nervioso.*)

AARÓN ¡No estoy para sus acertijos! ¡Ni para sus preguntas misteriosas! ¡El tipo que está ahí fuera quiere matarme si no...

HERRANDO (*Cortándole.*) Si no consigues seducirme.

(*Breve silencio.*)

AARÓN ¿Usted lo ha sabido todo el tiempo?

HERRANDO Solo desde nuestro primer encuentro.

AARÓN ¡Eso es todo el tiempo! ¡Ha estado jugando conmigo!

HERRANDO No Aarón, tú has dejado que otros jueguen. ¿Qué más han hecho contigo?

AARÓN ¡Dígamelo usted que es tan listo!

(HERRANDO *se levanta, se coloca frente a* AARÓN y, *con las manos, le abraza el rostro.*)

HERRANDO Ya he visto estos ojos. Y la forma en la que miran. Perdidos y atentos al tiempo. Buscando una salida y dejándose caer en un pozo sin fondo. (*Deja el rostro de* AARÓN *y coge sus manos.*) También he visto estas manos. Y la forma en la que tocan. Tan voluntarias como esclavas. Confundidas, poderosas, anónimas...

(AARÓN *se aparta.*)

AARÓN Usted no me conoce.

HERRANDO Es cierto, no te conozco. Pero en ti veo todo mi sufrimiento. (HERRANDO *vuelve a sentarse a los pies de la cama.*) Si me encontrase conmigo mismo, muchos años más joven, con tu misma edad... Me diría que no hay amor ni identidad en esa llama que abrasa el alma. No hay dirección en el caos de otros. Todo es vacío y pasajero. No hay un yo, solo un tú que se tumba desnudo para que otros devoren su cuerpo. No te corresponde vagar en el infierno ni ser leño que avive sus llamas. (*Silencio.*) Puedo ayudarte.

Aarón ¿Cómo?

Herrando Dejando que me ates al poste para que las flechas alcancen mi cuerpo.

(*Abrupto oscuro.*)

Escena 17
Las flechas de san Sebastián

HERRANDO *en el salón de su casa, frente al cuadro, se tambalea ebrio con una botella en la mano. Se quita el abrigo y lo tira a un lado. Da un largo trago.*

HERRANDO ¿Me he equivocado? ¿Lo he hecho? Dime. Estamos tú y yo solos, puedes hablarme. Puedes ser todo lo sincero que quieras, no espero otra actitud de ti. (*Silencio.*) Siempre me he preguntado si te arrepentiste. ¿Lo hiciste? (*Silencio. Bebe.*) Fingir que renunciabas a aquello en lo que creías… Vestir la imagen y las palabras que todos querían ver y oír… Ser quien no eras delante de otros y saberte diferente en tu intimidad… Si hubieses hecho todo eso, ¿no te habrías ahorrado el sufrimiento? (*Silencio.*) ¿Por qué es obligatorio sufrir por ser? ¿Por qué? ¿Acaso no podemos ser y dejar que el sufrimiento se reserve solo al devenir de la vida? No. No. (*Silencio. Bebe.*) Nacemos sufriendo. Parece una señal para quienes queremos acabar de nacer. Sufrirás. Y el sufrimiento te lo infligirán otros. ¿Quiénes? ¿Por qué? (*Silencio.*) Dime, hermoso san Sebastián, ¿no es tan mártir quien sufre por su fe como quien no consigue que su fe le acepte? ¿No es esto también sufrir? Dime, san Sebastián, dime. (*Silencio.*) Te presto toda mi atención, ¿por qué no me contestas? ¡¿Por qué no me contestas?! ¡Háblame! ¡Háblame! ¡Necesito saber que al menos tú estás conmigo! (HERRANDO *da otro largo trago y se deja caer al suelo.*) No puedo enfadarme contigo… No puedo. (*Colocándose de rodillas.*) Perdóname. ¡Perdóname, te lo suplico! ¡Perdóname! ¿No quieres perdonarme? ¡Vete tú también al infierno! (*Se deja caer de nuevo. Largo silencio.*) ¿Quieres un trago? (*Se ríe de sí mismo.*) En este pueblo todo se arregla bebiendo… (*Silencio.*) ¿Qué opinas del chico? Lo sé, de alguna forma se parece a ti. No sé si es el físico o las flechas que lleva por dentro. También se parece a mí. (*Silencio.*) Lo sé, lo sé. (*Silencio.*) ¿Y qué crees que debería hacer? ¿Qué harías tú si estuvieses aquí y ocupases mi lugar? Dime algo. Hazme una señal… (*Silencio.*) ¿No contestas? ¿No quieres decirme nada? Silencio… Siempre silencio. (*Brevísimo silencio.*) Detesto cuando te haces el misterioso… (HERRANDO *da un último trago, coge unos cuantos cojines y los tira a su alrededor. Luego se tumba en el suelo.*) Daré vueltas… Alguno acabará bajo esta cabezota… Silencio… Siempre. (*Silencio.*) No cambias por más años que…

(HERRANDO *dormita. En el cuadro, las flechas de san Sebastián se iluminan al tiempo que el resto del cuadro se vuelve negro. Unos segundos de haces de luz y un cuerpo tendido en penumbra… Oscuro.)*

Escena 18
Has vuelto.

Salón de la casa de HERRANDO. *La luz del sol entra, golpea el cuadro y rebota en la estancia.* LUCENDO *ayuda a su amigo a incorporarse.*

HERRANDO Has vuelto...

LUCENDO Tú me has llamado.

HERRANDO ¿Lo he hecho?

LUCENDO Anoche debiste beber demasiado.

HERRANDO Tal vez... (*Ambos se ponen en pie.*) Ya no tengo los huesos para dormir en el suelo...

LUCENDO Recuérdalo la próxima vez que agarres una botella.

HERRANDO En cambio tú... Sigues teniendo la misma fuerza, por fuera y por dentro.

LUCENDO ¿Puedes mantenerte en pie solo?

HERRANDO Creo que sí.

LUCENDO Te prepararé café.

(LUCENDO *se quita el abrigo y recoge los cojines del suelo.*)

HERRANDO ¿Has oído san Sebastián? Va a prepararme café. Ah… san Sebastián y tú… Mis dos amores imposibles me dan los buenos días.

LUCENDO No empieces.

HERRANDO Es cierto.

LUCENDO Te pones muy pesado.

HERRANDO ¿No lo son los enamorados y los borrachos? ¡Yo soy ambos!

LUCENDO Hablas como un adolescente.

HERRANDO Quisiera serlo. ¿Tú no?

LUCENDO No. ¿Para qué?

HERRANDO Para empezar de nuevo (*Breve pausa.*) Yo no te he llamado. ¿Para qué has venido?

(*Breve silencio.*)

LUCENDO No he sido sincero contigo.

HERRANDO Lo sé, amigo.

LUCENDO ¿Lo sabes?

HERRANDO Nadie más conoce mi amor por san Sebastián.

LUCENDO Perdóname.

HERRANDO Te perdono. Ahora solo me importa salvar a ese chico.

LUCENDO Yo no he tenido nada que ver con eso, Casal y su secretario me hicieron preguntas sobre tu vida y sobre nosotros… Pero yo no he tenido nada que ver. Tienes que creerme.

HERRANDO Te creo. Ellos utilizaron la información que les diste y trazaron un plan para acabar conmigo. Un plan torpe, pero un plan.

LUCENDO Has dicho salvar a ese chico. ¿De qué?

HERRANDO Prepárame ese café y te lo cuento. (*Breve pausa.*) ¿Recuerdas cómo me gusta?

LUCENDO Templado.

(HERRANDO *sonríe.* LUCENDO *sale a la cocina.* HERRANDO *mira el reloj, coge el abrigo y sale. Oscuro.*)

Escena 19
Ardan los infiernos

La luz nos presenta dos escenas paralelas. A un lado; el SECRETARIO *desde su coche mira por el visor de su cámara, enfoca y ajusta el zoom de su objetivo. Al otro lado;* AARÓN *espera en la cafetería.*

SECRETARIO Vamos chaval... No me falles. No tengo ganas de ensuciarme las manos... Vamos chaval. (HERRANDO *entra en la cafetería, se quita el abrigo y se sienta frente a* AARÓN. HERRANDO *sonríe pero* AARÓN *no puede ocultar su rostro preocupado. Breve pausa.* AARÓN *mete las manos bajo su ropa y arranca el micrófono que lleva puesto. Luego corta el cable con sus dientes. Suena un ruido estridente que obliga a que el* SECRETARIO *se quite el auricular rápidamente del oído.*) ¿Qué coño estás haciendo? ¡Maldito mocoso hijo de puta!

(*Breve silencio.*)

AARÓN ¿Está seguro de que quiere hacerlo?

HERRANDO Mi fe me dice qué es lo que debo hacer.

Aarón ¿Y qué va a hacer después? Anoche evitó explicarme eso.

Herrando Seguiré viniendo aquí cada día para almorzar un sándwich vegetal. De los de verdad. (Herrando *sonríe y en el rostro de* Aarón *se dibuja una diminuta sonrisa. Breve pausa.* Herrando *pone las manos sobre la mesa, con las palmas hacia arriba.*) Ahora dame tus manos como hemos acordado. Yo las besaré. Luego te irás… A pedirme un café. Eso te dará tiempo suficiente.

Aarón No puedo hacerlo.

Herrando Claro que puedes, Aarón.

Aarón Pero usted ha sido bueno conmigo…

Herrando No si no me dejas completar esto.

Aarón ¡No puedo!

(*Breve silencio.*)

Herrando ¿Recuerdas qué te dije la primera vez que nos vimos?

Aarón ¡No! ¡Ahora no puedo pensar en nada!

Herrando En este pueblo no repetimos de memoria las palabras, las practicamos con fe y en gracia.

(*Breve silencio.*) Ahora déjame hacer lo que mi fe guía. Deja que te ayude.

(*Breve silencio. Muy despacio,* AARÓN *se dispone a estrechar las manos de* HERRANDO. Entra LUCENDO *e interrumpe la acción.*)

LUCENDO ¿Qué coño pinta este aquí?

HERRANDO ¿Qué haces aquí?

(LUCENDO *no contesta. Del bolsillo del abrigo saca una pequeña agenda y un bolígrafo. Apunta algo y se lo ofrece a* AARÓN.)

LUCENDO Llama a este número, ellos pueden ayudarte. Cuéntales todo, sabrán qué tienen que hacer. Ahora vete, antes de que el secretario salga de su coche y se plante aquí con nosotros. (*Breve pausa.*) ¡Venga! Ese hombre no sabe qué es la paciencia.

(*Silencio.* AARÓN *mira asustado al padre* HERRANDO.)

HERRANDO Yo confío en él. Es mi amigo.

(AARÓN *recoge sus cosas y se levanta.*)

AARÓN Adiós padre Herrando.

HERRANDO Adiós Aarón. (AARÓN *sale.* LUCENDO *se quita su abrigo y se sienta.*) Admito que has revivido tu capacidad para sorprenderme. ¿Por qué has venido?

LUCENDO Todo este tiempo… He estado equivocado.

HERRANDO Eso no importa ahora.

LUCENDO Sí, sí importa. Cuando éramos jóvenes y nos castigaron por amarnos… Yo les creí. Creí que había fallado en mi fe, que le había fallado a Dios… Pero no era así. Lo que hice fue fallarme y renunciar a mí mismo. Y a ti.

(LUCENDO *estrecha las manos de* HERRANDO. *El cuadro de* El martirio de san Sebastián, *esté donde esté colocado, se ilumina.*)

SECRETARIO Esto se pone interesante.

HERRANDO ¿Sabes qué estás haciendo?

LUCENDO Si las flechas van a clavarse en tu cuerpo, quiero que también lo hagan en el mío.

(LUCENDO *acerca las manos de* HERRANDO *a sus labios y las besa.* El SECRETARIO *dispara con su cámara como si fuese una metralleta. La luz se retira sobre la escena, el sonido del obturador aguanta unos segundos más.*)

HERRANDO Ya oigo las flechas atravesando el aire.

LUCENDO Necesitaremos muchas.

HERRANDO ¿Para qué?

LUCENDO Para levantar la pira sobre la que ardan los infiernos.

(LUCENDO *se incorpora levemente y besa a* HERRANDO. *Tal vez en el cuadro, san Sebastián gire su cuello para mirarlos. Oscuro parcial sobre la escena de los dos hombres. En el cuadro, las flechas de san Sebastián se derriten. Oscuro final.*)

Nani de Julián

et filii

Personajes

GUZMÁN

GIORDANO

VITALE

Aún no ha amanecido en la Santa Sede de el Vaticano. Habitación del sacerdote GUZMÁN. *El sacerdote* GIORDANO *y el hermano religioso* VITALE *terminan de atar los pies y manos de* GUZMÁN *a una silla en la que está sentado al revés, con su pecho apoyado en el respaldo. Luego se apartan.*

GUZMÁN ¿Están bien atadas?

GIORDANO Lo están.

GUZMÁN En esa cómoda hay una tijera. Cortad.

GIORDANO Procede, hermano Vitale.

(VITALE *saca la tijera de la cómoda y corta el camisón de* GUZMÁN *por la espalda, haciendo una abertura desde las lumbares hasta la nuca y mostrando algo que no vemos.)*

GUZMÁN ¿Cómo está? (VITALE *no acierta a articular palabra.* GIORDANO *se acerca a observar.*) ¡¿Cómo está?!

GIORDANO Ha crecido.

GUZMÁN ¿Mucho?

GIORDANO No es eso lo que me preocupa, sino lo rápido que lo ha hecho.

GUZMÁN ¿Qué vamos a hacer? Vitale, tú tienes conocimientos de medicina...

VITALE Solo ayudé en los cuidados del santo padre... Y fue hace mucho... Ni siquiera puedo llamarme enfermero...

GUZMÁN ¿Giordano?

GIORDANO Tal vez deberíamos informar.

GUZMÁN No, eso no.

(*El hermano* VITALE *permanece junto a* GUZMÁN, *examinando cada rincón de su espalda.* GIORDANO *está en el lado opuesto de la habitación; susurra una oración.*)

VITALE ¿Le duele, hermano?

GUZMÁN Escuece.

VITALE ¿Pero le duele?

GUZMÁN ¿Acaso el escozor es placer? Puedo sentir cómo crece. Cada centímetro que gana es como un ascua que recibe un soplo de aire. Pronto arderá una hoguera en mi espalda...

VITALE Una pregunta martillea mi cabeza…

GUZMÁN ¿Por qué? Yo también me lo he preguntado…

VITALE No es esa la pregunta. *(Pausa.)* Sino, ¿quién?

(Las conjeturas de VITALE *se entremezclan con la oración de* GIORDANO.)

GIORDANO Vuélvete a mí y ten misericordia porque estoy solo y afligido…

VITALE Hay un propósito en todo lo que acontece… Y aunque los caminos del señor son inescrutables, no podemos obviar que hay motivos escondidos e incomprensibles para nosotros en sus actos…

GUZMÁN Somos hombres de Dios, no ponemos en duda sus actos.

GIORDANO Las angustias de mi corazón han aumentado; sácame de mis congojas. Mira mi aflicción y mis afanes, y perdona todos mis pecados…

VITALE ¿Tú también piensas que su mano está en esto? Yo puedo sentirlo. La percepción puede engañar a los sentidos, pero no a la fe…

GIORDANO Mira mis enemigos, cómo se han multiplicado y con odio violento me aborrecen…

VITALE Creo que esto no es un castigo... Creo que es una bendición...

GIORDANO Guarda mi alma y líbrame; no sea yo avergonzado, porque en ti he confiado...

VITALE Nuestro señor te ha elegido, hermano Guzmán, para que seas quien le traiga de vuelta a este mundo. Tú le darás a luz en tu espalda, en tu carne, porque no puede ser de otra manera.

GIORDANO ¡No! ¡No! ¡Y mil veces no! ¿Es que acaso no estáis comprendiendo nada? ¡No es un milagro! ¡Es un castigo! ¡Un castigo sin absolución por nuestro pecado! ¡El de los tres!

VITALE Ha vuelto a crecer...

GUZMÁN Su peso me está hundiendo en la silla, me cuesta respiar...

VITALE Creo... Creo que es bello.

GUZMÁN ¿Cómo puede serlo?

VITALE Giordano tiene razón...

GIORDANO Es un castigo.

VITALE No.

GIORDANO ¿No?

VITALE Tienes razón en que este niño no es Jesús…

GIORDANO ¡Claro que no es Jesús!

VITALE Ahora lo entiendo... Es bello... Y es un regalo...

(VITALE *se abalanza sobre la espalda de* GUZMÁN *para besarla y lamerla.*)

GUZMÁN ¿Qué estás haciendo? ¡Giordano! ¡Quítamelo de encima! ¡Quítamelo! (GIORDANO *forcejea con* VITALE *y lo aparta.*) ¡Suéltame Giordano! ¡Corta las cuerdas para que pueda estrangular con ellas a este gusano!

VITALE ¿Es que no lo veis? El señor nos está diciendo: conozco vuestra debilidad y la asumo como mía, aceptad mi ayuda, aceptad este regalo y colmad vuestra sed de placer. ¡Dios nos ama y nos acepta con nuestros defectos y vicios!

(VITALE *estalla en carcajadas delirantes.*)

GUZMÁN Hazle callar o despertará a todos.

(GIORDANO *da una bofetada a* VITALE, *que se aparta a un rincón de la habitación avergonzado y se sienta en el suelo. Pausa y silencio.*)

GIORDANO Esto nos sobrepasa. Tenemos que informar y pedir ayuda.

(GIORDANO *se dispone a salir de la habitación.*)

GUZMÁN ¡Espera!

GIORDANO No intentes detenerme, Guzmán.

GUZMÁN Tu espalda... Está abultada...

VITALE ¡Es cierto!

(*Pausa.*)

GUZMÁN Tú también lo tienes. Lo has sentido crecer todo este tiempo y no lo has contado... Ahora somos iguales, no tienes ninguna potestad para mantenerme aquí atado. ¡Coge las tijeras!

(VITALE, *aún en el suelo, comienza a acariciarse sus genitales y pecho.*)

VITALE ¡Yo también quiero uno! ¡Por favor, señor! ¡Soy merecedor! ¡Tú conoces mis flaquezas! ¡No me dejes depender de ellas! ¡No me hagas satisfacerlas en la sombra! ¡Déjame ser pleno! ¡Déjame hacerlo a la luz del día y frente a la mirada de todos!

(GIORDANO *saca de nuevo la tijera y se dirige a* GUZMÁN *pero cambia el rumbo... Decidido, la clava en el cuello de* VITALE. *Silencio agonizante.*)

GUZMÁN ¿Qué has hecho?

GIORDANO Tienes que entenderlo…

GUZMÁN Has matado a un hombre, ¿cómo quieres que lo entienda?

GIORDANO Yo lo he entendido.

GUZMÁN ¿Qué has entendido?

GIORDANO ¿Acaso crees que somos los únicos que buscan el placer de la carne en los niños? (GUZMÁN *se mantiene en silencio.*) El pecado es común a muchos… Hemos sido monstruos devorando a los hijos de Dios. Es el momento del castigo. Pronto nos crecerá a todos una criatura en la espalda para que vivamos con el peso de nuestro pecado. Debemos aprender, Guzmán. Esa es la única razón de Dios para esto. No podemos confundirlo con un regalo… Lo entiendes, Guzmán, ¿verdad?

GUZMÁN Lo entiendo.

(GIORDANO *corta las cuerdas que mantienen atado a* GUZMÁN *y deja caer la tijera al suelo.*)

GIORDANO Debemos aceptarlo sin duda alguna. Tú mismo lo has dicho.

GUZMÁN Yo mismo lo he dicho… Somos hombres de Dios, no ponemos en duda sus actos…

GIORDANO Acéptalo como yo lo acepto, hermano. (*Silencio.* GUZMÁN *recoge la tijera del suelo. Tensa pausa.*) No ponemos en duda sus actos...

GUZMÁN No dudo de los actos de Dios. Pero este no puedo aceptarlo. (GUZMÁN *clava las tijeras en el cuello de* GIORDANO, *que cae en sus brazos.*) Perdóname, Giordano, perdóname... No puedo permitir que lo hagas... No puedo permitir que nos expongas... Si soy un monstruo y este es mi castigo, ya he sido juzgado. No me convertiré en escarnio. Ni en rata de laboratorio. Ni en nada que otros elijan para mí. Si es preciso, me ocultaré en lo oscuro hasta que encuentre la forma de arrancarme este castigo de la espalda. (*Oscuro. La respiración sofocada de* GUZMÁN *se trenza con el ahogo de* GIORDANO. *El llanto de un niño golpea con fuerza y se mezcla con el sonido de las campanas que anuncian la entrada del amanecer. Un tumulto golpea la puerta de* GUZMÁN *y le pide que abra.* GUZMÁN *se balancea de un lado a otro, cansado, confuso y agitado, mientras fuera las voces insisten. Se detiene y apoya su pecho en el respaldo de la silla para buscar descanso.*) Ya los has despertado a todos. Ahora deja de llorar, por favor, deja de llorar... (*El llanto infantil cesa. Es ahora el gimoteo de* GUZMÁN *el que se abre paso.*) «Mea culpa...». «Mea culpa...». (*Pausa.* GUZMÁN *repara en la tijera aún clavada en* GIORDANO.) He quitado una vida... Seré juzgado por ello... Puedo quitar otra... Y que el juicio sea el mismo...

(Guzmán *coge la tijera.*) Es hora de terminar con esto. (Guzmán *se vuelve, mostrándonos el niño que ha crecido en su espalda. Levanta las manos y orienta la tijera a su espalda.*) Si crees que estoy equivocado, señor, detén mi mano como detuviste la de Abraham cuando le pediste matar a su hijo. (*Pausa.*) «In nomine Pater… Et Filii».

(Guzmán *deja caer con fuerza sus brazos, clavándose la tijera en el pecho. Se desploma en el suelo. Silencio previo. El balbuceo de un niño que sigue creciendo en la espalda de un monstruo… Oscuro final.*)

Esta primera edición de *Ardan los infiernos* y *Et filii*,
de Luis Fernando de Julián, terminó de imprimirse
en abril de dos mil veinticuatro,
en Madrid.